Rezepte

KIRSTEN M. MULACH

Das vegane Kochbuch meiner Oma

Rezepte aus einer Zeit,
als vegan noch natürlich war.

Bassermann Inspiration

Inhalt

Die Rezepte

*Die Ernährung ist nicht das Höchste
Aber sie ist der Boden, auf dem das
Höchste gedeihen, oder verderben kann!*

»Die Ernährung ist nicht das Höchste.
Aber sie ist der Boden, auf dem das Höchste
gedeihen oder verderben kann.«

*Dieses Zitat von Maximilian Oskar Bircher-Benner hat meine Oma –
Anna Katharina Filser geb. Dünkel, 1920–2009 – immer begleitet.*

Vorwort

Vegan gestern und heute

Vegan ist in. Vegan ist hip. Vegan ist trendy, modern und neuartig. Ach, wirklich? Ich machte ganz schön große Augen, als mir das alte Rezeptbuch meiner Oma in die Hände fiel und ich beim Durchblättern feststellte, dass sich neben üblichen Rezepten aus ihrer Zeit zahlreiche Rezepte befanden, die durchweg vegan waren. Viele entstammten der Zeit des Zweiten Weltkriegs und belegen, dass eine Ernährung ohne tierische Produkte durchaus keine neumodische Erscheinung ist. Mir ist bewusst, dass die Menschen damals wohl aus der Situation heraus eine kreative Küche entwickelten, die interessanterweise vegan war. Natürlich hätte meine Oma diese Gerichte niemals vegan genannt, vermutlich kannte sie diesen Begriff gar nicht. Aber meine Oma war zeitlebens eine Gegnerin des maßlosen Fleischkonsums und eine Verfechterin der gesunden Ernährung. Mit 65 Jahren wurde bei ihr Magenkrebs festgestellt und man hat ihr den Magen und Teile der Speiseröhre entnommen. Daraufhin hat sie von heute auf morgen ihre Ernährung komplett auf eine vollwertige und fleischlose Ernährung umgestellt – und ist damit fast 90 Jahre alt geworden.

Meine Großeltern und ihr Hof

Meine Großeltern waren Landwirte im baden-württembergischen Wallstadt, in der Nähe von Mannheim. Sie führten den Hof in der fünften Generation, die zweite ohne Tierhaltung.
Die Mitbewohner in meiner Studenten-WG bekamen immer herzförmige Augen, wenn es hieß: »Kirsten, du musst zur Bahnstation und die Ware deiner Großeltern abholen.« Ich war eher genervt, denn für mich bedeutete das, kistenweise Pflaumen, Kirschen und Tomaten zu schleppen. Dazu noch säckeweise Kartoffeln.

Mein Bruder und ich

Oma mit Urenkel

Aber es sind meine Großeltern, die dadurch meine Liebe und Leidenschaft für qualitätsvolle Nahrung geprägt haben. Ich habe früh gelernt, wie eine nahrhafte Kartoffel aussehen, eine saftige Tomate riechen, eine Erdbeere schmecken und eine reife Himbeere sich anfühlen muss.

Ich helfe in der Küche

Omas Rezepte

Omas Küche ist keine raffinierte. Aber lecker und mit viel Liebe zubereitet! Sie hatte nie ein Interesse an komplizierten und aufwendigen Gerichten. Die Passion meiner Oma galt der gesunden Küche mit natürlichem Geschmack. Für sie sollten Zitronensaft, Essig, Zucker oder »Pflanzenbutter« den Eigengeschmack von Obst oder Gemüse unterstreichen und betonen, aber nicht verfremden.

Unser Essen ist die Grundlage unserer Gesundheit

Oma war überzeugt davon, dass gesundheitliche Vorsorge am heimischen Herd und nicht mit dem Gang zum Arzt beginnt. Sie hat sich immer als sprichwörtliche Ernährerin der Familie gesehen. Auch wenn sie das möglicherweise nicht als Beruf gewählt hätte, so machte sie doch daraus ihre Berufung. Und das bewies sie täglich in ihrer Küche. Ich kenne meine Oma gar nicht anders, als mit Kittelschürze in ihrer Küche den Kochlöffel schwingen und das tollste Essen zaubern. Das Feuer im Kachelofen, der süßliche Duft von Backwaren und meine Oma mit roten Bäckchen am Herd waren eine Idylle, in der man sich immer zu Hause fühlte.

»Es liegt so wunderbar in den Händen einer Frau, ob die Familie gesund ist«, hat sie immer gesagt und meinte damit, dass jeder, der für sich und das leibliche Wohl seiner Liebsten sorgt, sich seiner Verantwortung bewusst sein sollte.

Sie hat sich bestimmt oft gewünscht, dafür mehr Anerkennung zu bekommen. Ihrem hingebungsvollen Einsatz am Herd hat das keinen Abbruch getan. Oma verstand Essen als Medizin und war der Meinung, jeder habe die Pflicht, etwas zu seiner eigenen Gesundheit beizutragen.

»Ein gesunder Körper verlangt gesunde Nahrung,
ein gesunder Geist gesunde Gedanken
und ein gesundes Leben eine gesunde Einstellung!«

Meine Oma war überzeugt davon, dass sie mit dieser Erkenntnis ihre Krebserkrankung im Alter von 65 Jahren vollkommen heilen konnte. Alle hier angeführten Rezepte sind original und authentisch.

Neben ihrer gesunden Ernährung achtete Oma auch darauf, womit sie ihren Geist fütterte. Neben ihrer Leidenschaft fürs Kochen und Backen liebte meine Oma Musik und Poesie. Sie war über 40 Jahre Kirchenorganistin und sammelte unzählige Gedichte, die sie fein säuberlich abschrieb und liebevoll ordnete. Kein Brief meiner Oma, dem nicht ein Gedicht beigefügt war. Kein Telefonat ohne ein Sprüchlein. Und kein Gespräch mit ihr ohne eine Fülle an Weisheiten.

Meine Oma war die erste Gesundheits-Aktivistin, der ich begegnet bin, und ich möchte dieses Buch allen widmen, die sich täglich um das leibliche Wohl ihrer Liebsten kümmern!

Danke, Oma!

Ein Sommer bei Oma und Opa

Meine Geschichte

Ich ernähre mich seit vielen Jahren vegan und bin bei meiner Reise dahin einen sanften Weg gegangen – mit vielen Stolpersteinen und etlichen Umwegen. Ich wollte nicht einfach ein neues Ernährungskonzept leben. Ich wollte wirklich spüren, ob es mir mit dieser oder jener Nahrung gut geht. Und dazu gehörten für mich auch Sackgassen.

Tiefpunkt meiner Reise war die Erkenntnis einer falschen veganen Ernährung. Nach vier Jahren veganer Lebensführung hatte ich über 18 kg zugenommen, fühlte mich müde und schlapp. Meine Haut wurde grau und fahl und ich hatte dunkle Ringe unter den Augen. Was hatte ich falsch gemacht?

Weder war ich ein veganer Fast-Food-Junkie, noch aß ich unregelmäßig. Ich ernährte mich doch zu 60 Prozent mit veganer Rohkost. In Gesprächen mit anderen erfuhr ich, dass es ihnen ebenso erging. Ich beschloss, dem auf den Grund zu gehen, und erkannte, dass ich einiges falsch gemacht hatte: zu viel Fett – und viel zu viel Zucker.

Das war ernüchternd! Doch es stimmte. Vor meinem Einstieg in die vegane Ernährung hatte ich nie viel Nudeln, Brot oder Kartoffeln gegessen. Auch Kuchen eher selten. Jetzt aß ich das alles. Smoothies mit Avocado- oder Kokosöl, Rohkostkuchen mit Unmengen an Cashewnüssen, Datteln und Kakaobutter darin. Und den lecker marinierten Tofu oder die Spaghetti mit der veganen Fertigsoße? Ich überschlug mal meine tägliche Kalorienzahl – und landete locker bei 4000 kcal täglich. Ich war geschockt und ernüchtert. Und erkannte, dass ich zwei entscheidenden Irrtümern aufgelaufen war: »Vegan heißt, jetzt kannst du alles essen!« Und alle Suchtanteile in mir klatschten vor Freude in die Hände – ich war angekommen im Schlaraffenland! »Mit vegan bist du immer auf der sicheren Seite!« Wenn ich zunahm, mich schlapp fühlte oder müde war, lag das an meinem Körper. Bestimmt eine Übergangsphase. Und wozu sich bewegen? Meine neue Komfortzone hieß vegan.

Ich musste mir eingestehen, dass ich mich völlig falsch vegan ernährt hatte! Und stand vor dem riesigen Problem, wie ich mich denn ab nun ernähren sollte!

Etwa zu diesem Zeitpunkt fiel mir Omas Rezeptbuch in die Hände. Und ich fand eine Fülle veganer Gerichte. Nur las ich nirgendwo Tofu, Seitan oder Soja. Auch nicht Cashew oder Kakaobutter. Stattdessen fand ich eher einfache Speisen wie Kohlrabi mit Erbsenpüree und eher schlichte Zutaten wie Zitronensaft.

In mir wuchs die Erkenntnis, dass die Fülle an industriellen veganen Angeboten und rohköstlichen Schleckereien für mich nicht im Einklang steht mit einer gesunden und ausgewogenen veganen Ernährung. Es war für mich einfach nicht mehr stimmig, meinen Körper gesund und rein ernähren zu wollen und dann doch auf industriell hergestellte Ersatzprodukte mit Zusatzstoffen für Fleischkonsistenz, Käsegeschmack o. Ä. oder gleich Fertigprodukte zurückzugreifen.

Ich drehte mein veganes Ernährungsrad weiter und fand durch eine pflanzlich basierte vegane Ernährung wieder meine körperliche Balance. Zu 80 Prozent besteht meine Ernährung zurzeit aus Rohkost, d. h. nicht erwärmte Gemüse und Früchte. Doch für meine warmen veganen Speisen sind Omas Rezepte Grundlage und Anregung: vegan ohne Ersatzprodukte, Soja und industriell hergestellte Waren. Omas Rezeptbuch war ein wichtiger Beitrag für mich, um umzudenken, und ein wertvoller Einstieg zu meiner heutigen Ernährung. Ich erinnerte mich an ihre Worte, dass Essen gesunde Medizin für den Körper ist und dass man sich danach immer richten sollte.

Himbeerschnitten

Weißbrotscheiben werden mit Fett
in der Stielpfanne auf beiden Sei-
ten geröstet. Gut verlesene Himbee-
ren werden zerdrückt aber nur
leicht zerdrücken u. mit Zucker
nach Geschm. verrührt. Hiermit be-
legt man die gerösteten Schnitten.

Frühstück

Das Brot meiner Oma war stets selber gebacken und sehr würzig. Mein Opa fuhr nach der Ernte Teile des Roggens, Weizens und Dinkels in die Mühle, in der alles in einer besonderen Mischung vermahlen wurde. Ich kann mich gut erinnern, dass der riesige Mehlsack immer in der Küche stand und Oma mit einer »Mehlschaufel« das Mehl entnommen hat. Bis heute habe ich nirgends eine ähnliche Mehlmischung gefunden, die auch nur annähernd den Geschmack und die Würze des Mehls meiner Oma hatte. Wir schwärmen noch heute in unserer Familie von Omas Brot und vermissen es sehr.

»Musebrot« mit frischem Hagebuttentee

Für ca. 600 bis 700 g Marmelade

Omas Musebrot ist nicht einfach ein Marmeladenbrot, sondern lebt von der Mischung von einem kümmelhaltigen würzigen Brot mit dem fruchtigen Geschmack der Marmelade aus eigener Herstellung – lecker! »Hagebuttentee gibt einen guten Magen.« Nach diesem Motto gab es zum Frühstück immer abwechselnd Pfefferminz- oder Hagebuttentee.

Johannisbeer-Erdbeer-Marmelade

- 300 g Johannisbeeren
- 300 g Erdbeeren
- 100 g brauner Rohrzucker
- 1 EL Sago oder 2 TL Johannisbrotkernmehl
- Saft von 1 Zitrone

Außerdem

- 2 bis 3 Twist-off-Gläser à 200 ml

Hagebuttentee

- 3 EL Hagebuttenkerne (gesammelt, Apotheke oder Internet)
- 125 ml Wasser
- 1 TL Sanddorn-Elixier

Marmelade

Die Johannisbeeren verlesen, waschen, von den Stielen zupfen. Die Erdbeeren verlesen, waschen, Stiele entfernen und vierteln. Alle Beeren in einem Topf mit dem Rohrzucker vermischen, langsam unter Rühren erhitzen und zum Kochen bringen. Den Sago in die heiße Masse rühren und aufquellen lassen. Den Zitronensaft hinzufügen und noch 2–3 Minuten weiterkochen.

Die Gläser mit der heißen Marmelade füllen, fest verschließen, auf den Deckel stellen und abkühlen lassen.

Hagebuttentee

Für einen Becher Tee die Hagebuttenkerne in kochendem Wasser 30 Minuten lang köcheln lassen, dann abgießen. Mit Sanddorn-Elixier süßen.

Oma hat diese Marmelade auch mit Brombeeren, Himbeeren oder anderen roten Früchten gemacht.

Rhabarberbrot

Für 4 kleinere Brote
Ruhezeit: 10 + 30 Minuten
Backzeit: 20–25 Minuten

Hm ... von diesem Duft wurden wir gerne geweckt. Omas Rhabarberbrot schmeckt wegen des Hefeteigs eher nach Kuchen als nach Brot, aber sie bestand auf diesem nahrhaften Frühstück. Oma muss in ihrem Leben Unmengen Hefeteig zubereitet haben. Sie hat alles per Hand geknetet und sich zeitlebens geweigert, Küchenmaschinen zu benutzen: »Hefeteig ist Gefühlssache. Du musst den Teig mit den Fingern spüren.«

Rhabarberbrot

1 Würfel Hefe
200 ml lauwarmes Wasser
100 g weiche »Pflanzenbutter«, z. B. Margarine von Alsan
500 g Weizenmehl, Type 550
3–5 EL Zucker
1 Prise Salz
250 g Rhabarber
2 EL Zucker

Außerdem

Backblech
Backpapier

Für den Hefeansatz die Hefe zerbröseln, mit ca. 60 ml lauwarmem Wasser verrühren und etwa 10 Minuten abgedeckt ruhen lassen.

In der Zwischenzeit die »Pflanzenbutter« in einem Topf zerlaufen lassen (sie darf nicht heiß werden!). In einer großen Schüssel Mehl, Zucker und Salz verrühren und zu einem kleinen Berg anhäufen. In die Mitte eine kleine Mulde formen und die warme »Pflanzenbutter«, den Hefeansatz und das restliche Wasser vorsichtig zufügen. Alles mit der Hand vermengen, bis der Teig schön geschmeidig und glatt ist. Ist der Teig zu klebrig, noch etwas Mehl zugeben.

Aus dem Hefeteig eine Kugel formen, in eine große Schüssel legen und mit einem Messer oben ein Kreuz einschneiden. Den Teig abdecken und etwa 30 Minuten an einem warmen Ort gehen lassen. Vor dem Weiterverarbeiten nochmals durchkneten.

Den Backofen auf 200 °C Ober- und Unterhitze (180 °C Umluft) vorheizen. Den Rhabarber putzen, eventuelle Fäden abziehen und in Scheiben schneiden.

Das Blech mit Backpapier belegen. Den Hefeteig darauf zu 4 kleinen Broten ausrollen, in der Mitte eine Mulde bilden und mit dem Rhabarber belegen. Den Zucker darauf verteilen und das Brot auf der mittleren Schiene 20–25 Minuten backen.

Geröstete Himbeerschnitten & Haferflocken-Apfel-Brei

Für 2 Portionen

Himbeerschnitte

60 g »Pflanzenbutter«, z.B. Margarine von Alsan
4 Scheiben Weißbrot mit Rinde
125 g Himbeeren
1 TL Zucker

Haferflockenbrei

200 ml Wasser
1 TL Salz
4–5 EL Haferflocken
Rosinen (Menge nach Geschmack)
2 kleine Äpfel
2 TL Zimtpulver

Im Sommer, wenn die Früchte reif waren, gab es im Hause meiner Großeltern keine Marmelade. Alles wurde frisch und roh gegessen. Und wenn mein Bruder und ich mit Oma und Opa abends vom Feld kamen, war in den Erdbeer-, Himbeer- oder Kirschkörben ohnehin nicht mehr viel drin.

Himbeerschnitten

Für die Himbeerschnitten das Fett in einer großen Pfanne erhitzen. Die Brotscheiben einlegen und von beiden Seiten goldbraun braten. Die Himbeeren verlesen, waschen, trocknen und mit Zucker nach Geschmack verrühren. Die Brotscheiben damit bestreichen.

Haferflocken-Apfel-Brei

Das Wasser für den Haferflockenbrei mit Salz zum Kochen bringen. Haferflocken und Rosinen einrühren und so lange köcheln lassen, bis ein cremiger Brei entstanden ist. Die Äpfel waschen, vierteln, entkernen und fein reiben, unter den Haferflocken-Brei rühren und mit Zimt in einer Schüssel anrichten.

Die Haferflocken schmecken auch gut mit Banane, Erdbeeren oder Himbeeren. Etwas mehr Biss bekommt der Brei, wenn Sie ihn mit gehackten Nüssen bestreuen.

Obstsalat mit gebrannten Mandeln

Für 2 Portionen

Mandeln

200 g Mandeln
250 g Zucker
1 TL Zimt
100 ml Wasser

Obstsalat

1 Orange
1 Banane
1 Apfel
1 Birne
10 Weintrauben
1 Handvoll Rosinen

Außerdem

Backpapier

Die Mandeln mit Zucker, Zimt und Wasser in eine Pfanne geben und unter ständigem Rühren kochen, bis das Wasser verdunstet ist – das dauert eine Weile!

Das Backpapier auf der Arbeitsfläche ausbreiten, die Mandelmasse darauf verteilen und abkühlen lassen.

Die Orange auspressen. Die Banane schälen und in kleine Scheiben schneiden. Apfel und Birne waschen, vierteln, die Kerne entfernen und das Fruchtfleisch in kleine Würfel schneiden. Die Weintrauben waschen und zusammen mit Banane, Apfel und Birne in eine Schüssel geben. Mit Orangensaft übergießen und die Rosinen untermischen. Kurz ziehen lassen und mit den Mandeln servieren.

Wie eine Rose sollte das Leben sein:
das Schöne groß – die Dornen klein –
doch hast du Gott zum Steuermann
auf deinem Lebensschiff
dann kannst du ohne Sorgen sein
„Er" kennt ja jedes Riff!

Bananenbrot mit frischem Pfefferminztee

Für 1 Portion

Bananenbrot

1 Scheibe Pumpernickel
1 TL »Pflanzenbutter«, z.B. Margarine von Alsan
1 reife Banane
1 TL Zitronensaft

Tee

150 ml Wasser
½ Bund frische Pfefferminze
1 TL Birken-Elixier

Meine Oma war überaus gastfreundlich und so mancher Besucher saß gerne in ihrer Küche und ließ sich verköstigen. Hohn und Spott erntete Oma allerdings immer für ihr Bananenbrot. »Da kommt man in ein Bauernhaus und bekommt nur ein Bananenbrot angeboten. Bananen, das ist doch nur was für kleine Kinder!«, empörte sich so mancher. Oma hat aber alle Spötter überlebt.

Bananenbrot

Pumpernickel dünn mit Butter bestreichen. Die Banane schälen, in dünne Scheiben schneiden, mit Zitronensaft beträufeln und kurz ruhen lassen.

Die Bananenscheiben auf dem Brot verteilen, die Scheibe in kleine Vierecke schneiden und mit dem Tee genießen.

Pfefferminztee

Das Wasser für den Pfefferminztee kochen. Die Minzblätter in einen Becher geben und mit dem Wasser übergießen, ca. 3–5 Minuten ziehen lassen.

Haferflockenpfännchen mit falscher Vanillesoße

Für 2 Portionen
Ruhezeit: 30 Minuten

Mandelmilch

½ Vanilleschote
150 g Zucker
750 ml Wasser
250 g gemahlene Mandeln

Haferflocken

1 TL »Pflanzenbutter«, z.B. Margarine von Alsan
2 EL Haferflocken
4 säuerliche Äpfel (Boskop)
1 EL gehackte Walnüsse
2 TL Zimtpulver
2 TL Agavensirup (Rohkost-qualität)

Vanillesoße

1 ½ Bananen
50 ml Mandelmilch
1 Messerspitze Vanillepulver

Für die Mandelmilch die Vanilleschote mit einem Messer aufschlitzen und mit dem Zucker ins Wasser geben. Aufkochen und über die Mandeln gießen. Mindestens 30 Minuten zugedeckt stehen lassen. Anschließend durch ein Leinentuch gießen und auspressen, die Mandelmilch auffangen.

In einer Pfanne die »Pflanzenbutter« erhitzen und die Haferflocken darin anrösten. Die Äpfel waschen, vierteln, Kerngehäuse entfernen und das Fruchtfleisch in Scheiben schneiden. Zu den Haferflocken geben und kurz andünsten. Walnüsse und Zimt zugeben. Zuletzt den Agavensirup einrühren. Die Pfanne vom Herd nehmen und warm stellen.

Die Bananen mit Mandelmilch und Vanillepulver pürieren und über die Apfel-Haferflocken-Mischung geben.

Herzhafte Haferflockensuppe

Für 2 Portionen

Haferflockensuppe

200 ml Gemüsebrühe (siehe unten)
4 EL Haferflocken
1 Bund Petersilie
Salz
schwarzer Pfeffer aus der Mühle

Grundrezept Gemüsebrühe

3 Möhren
½ Knolle Sellerie
1 Stange Lauch
2 Zwiebeln
2 EL Raps- oder Sonnenblumenöl
1 TL Wacholderbeeren
1 TL Senfkörner
2 Lorbeerblätter
2 TL Salz
2 l warmes Wasser
Salz
schwarzer Pfeffer aus der Mühle

Oma hat den Tag gerne mit dieser herzhaften Suppe begonnen. Vor allem im Herbst und Winter hat sie auf eine warme Mahlzeit am Morgen geschworen. Sie kannte natürlich auch die Vorzüge von Petersilie, die für sie mehr Heilpflanze war als Dekoration. »Petersilie reinigt das Blut und enthält alle Vitamine!«, hat sie immer betont und dem Küchenkraut einen festen Platz in ihrer Ernährung gegeben.

Für die Suppe die Brühe aufkochen und die Haferflocken hinzufügen. Etwa 5 Minuten bei schwacher Hitze köcheln lassen. Die Petersilie waschen, trocken schütteln und hacken. Die Suppe mit Salz und Pfeffer abschmecken und mit Petersilie bestreut servieren.

Oma hat ihre Gemüsebrühe immer selbst gemacht. Hier ist ihr Rezept für ca. 1,5 bis 2 Liter:

Möhren, Sellerie, Lauch und Zwiebeln schälen und fein würfeln. Das Öl in einem großen Topf erhitzen und das Gemüse darin kurz anschwitzen. Wacholder, Senfkörner, Lorbeerblätter und Salz mit dem angeschwitzten Gemüse verrühren. Dann mit dem warmen Wasser ablöschen. Alles kurz aufkochen und bei schwacher Hitze mindestens 1 Stunde lang köcheln lassen. Abschließend mit Salz und Pfeffer abschmecken. Durch ein Sieb passieren und in Twist-off-Gläser füllen. Kühl aufbewahrt hält sich die Brühe 14 Tage.

Hefezopf mit warmer Mandelmilch

Für ca. 17 Scheiben
Ruhezeiten: 10 + 30 + 15 Minuten
Backzeit: 20 – 25 Minuten

Hefezopf

1 Würfel Hefe
175 ml lauwarmes Wasser
100 g weiche »Pflanzenbutter«, z. B. Margarine von Alsan
500 g Weizenmehl, Type 550
90 g Zucker
Abrieb von 1 Bio-Zitrone
1 Prise Salz
75 ml Mandelmilch (Rezept Seite 24)
Mandelblättchen

Außerdem

Fett für das Backblech

Eine Variante zum Rhabarberbrot von Seite 18 ist dieser süße Hefezopf.

Für den Hefeansatz die Hefe zerbröseln, mit 60 ml lauwarmem Wasser begießen und abgedeckt etwa 10 Minuten ruhen lassen. In der Zwischenzeit die Butter in einem Topf zerlaufen lassen (die Butter darf nicht heiß sein!).

In einer großen Schüssel Mehl, Zucker und Zitronenabrieb mit dem Salz verrühren und zu einem kleinen Berg anhäufen. In die Mitte eine kleine Mulde machen und nach und nach die warme Butter, den Hefeansatz und das restliche warme Wasser hinzufügen. Alles mit der Hand vorsichtig vermengen, bis der Teig schön geschmeidig und glatt ist. Ist der Teig zu klebrig, noch etwas Mehl zugeben.

Aus dem Hefeteig eine Kugel formen, in eine große Schüssel legen und mit einem Messer ein Kreuz einschneiden, damit der Teig gut aufgehen kann. Mit einem feuchten Tuch bedeckt ca. 30 Minuten an einem warmen Ort gehen lassen.

Den Teig nochmals durchkneten und in drei gleich große Stücke schneiden. Diese zu gleich langen Strängen rollen, daraus einen Zopf flechten. Die Enden vorne und hinten jeweils zusammendrücken.

Ein Backblech einfetten. Den Zopf darauflegen und abgedeckt nochmals ca. 15 Minuten ruhen lassen. Den Backofen auf 200 °C Ober- und Unterhitze (180 °C Umluft) vorheizen. Danach den Zopf mit etwas Mandelmilch bestreichen, eventuell mit Mandelblättchen bestreuen und im Backofen auf der mittleren Schiene 20–25 Minuten backen.

Die restliche Mandelmilch erwärmen. Vom Hefezopf eine Scheibe abschneiden, in kleine Stücke brechen und in die Milch tunken. Lecker!

Suppenwürze f. d. Winter

1 ½ kg Tomaten
3 große Sellerie
3 Lauch
1 kg Zwiebel
1 kg Gelberüben
Petersilie
100 gr. Salz
alles durch die Fleischmaschine trei=
ben zuletzt das Salz beigeben u.
in Gläser füllen.

Mittagstisch

»Ach, wären die Stunden einer Hausfrau doch gezählt und würden mit nur 1 D-Mark bezahlt, wären wir alle reich.« Recht hatte sie. Kaum war der Frühstückstisch abgedeckt, das Geschirr mit der Hand gespült und verstaut, da machte sich meine Oma schon daran, das Mittagessen vorzubereiten. Es war ihr immer äußerst wichtig, dass alle Mahlzeiten pünktlich und regelmäßig eingenommen wurden. Zu jeder Hauptspeise gab es Salat. Und das jeden Tag. Der Salat wurde immer mit der Hauptspeise gegessen. »Im Magen kommt eh alles zusammen«, betonte Oma. Umso wichtiger war für sie, dass zwischen den Mahlzeiten nichts gegessen wurde. Denn dem Magen sollte Zeit gegeben werden, um zu verdauen und zu ruhen. Daran hat sie sich selbst ihr ganzes Leben lang gehalten.

Gemischter Salat mit Kräuteressig

Für 2 Portionen

Salat

1 EL Kräuteressig (Rezept siehe unten)
2 EL Oliven- oder Rapsöl
Salz
schwarzer Pfeffer aus der Mühle
1 mittelgroßer Rettich
1 Möhre
250 g Feldsalat/Rapunzel
1 Kopf Endiviensalat

Grundrezept Kräuteressig

50 g Estragon
50 g Basilikum
50 g Salbei
1 l Apfelessig
1 Schuss Wermut

Zu den Hauptspeisen meiner Oma gab es immer Salat! Salat aus dem eigenen Garten, mit frischen Tomaten, Radieschen, Rettich oder Möhren. Angerichtet mit einer Salatsoße aus eigenem Kräuteressig oder Zitronensaft, Senf und Öl, Salz und Pfeffer – fertig. Ach ja, und dazu natürlich ein großes Bund frischer grüner Kräuter.

Für die Salatsoße 1 EL Kräuteressig mit 1 EL Öl, Salz und Pfeffer verrühren. Den Rettich waschen, schälen, fein reiben und sofort mit 1 EL Öl vermengen. Die Möhre waschen, schaben und reiben, je feiner, desto saftiger.

Feldsalat und Endviensalat waschen, trocken schleudern und eventuell in mundgerechte Stücke zupfen. Mit der Salatsoße vermischen. Rettich und Möhren darauf verteilen.

Oma machte einen sehr guten Kräuteressig. Hier ist ihr Rezept für ca. 1 Liter:

Die Kräuter waschen, verlesen und trocken tupfen. Alle mit Apfelessig und Wermut übergießen und 24 Stunden abgedeckt an einem kühlen Ort ziehen lassen. Anschließend in einem Topf erhitzen und 5–8 Minuten köcheln lassen. Durch ein Sieb gießen und in Flaschen abfüllen.

Tomaten- & Rohkostsalat

Jeweils für 2 Portionen

Tomatensalat

4 reife Tomaten
1 Zwiebel
5 EL Kräuteressig (Rezept Seite 32)
1 Prise Zucker
Salz
Pfeffer aus der Mühle
3 EL Olivenöl

Rohkostsalat

1 Rettich
1 kleiner säuerlicher Apfel
1 mittelgroße Möhre
1 rote Beete
1 EL Zitronensaft
Salz
1 Prise Zucker

Tomatensalat

Die Tomaten waschen, den grünen Strunk entfernen, halbieren und in ganz dünne Scheiben schneiden. Die Zwiebel schälen, halbieren und in feine Scheiben schneiden. Beides in eine Salatschüssel geben, mit Essig, Zucker, Salz und Pfeffer mischen und stehen lassen. Wenn die Tomaten von nicht so guter Qualität sind, läuft sehr viel Wasser aus. Die Flüssigkeit dann ein wenig abschöpfen und nachwürzen. Erst dann das Olivenöl hinzufügen. Fertig. Lecker!

Rohkostsalat

Den Rettich waschen, schälen und in Scheiben schneiden. Den Apfel schälen, vierteln, das Kerngehäuse entfernen und die Viertel raspeln. Möhre und rote Beete ebenfalls putzen, schälen und raspeln. Rettich, Apfel und Möhre mischen, mit etwas Zitronensaft, Salz und Zucker abschmecken. Die rote Beete ebenfalls salzen, zuckern und mit Zitronensaft beträufeln.

Beides kurz ziehen lassen. Die rote Beete erst kurz vor dem Anrichten zur Rettichmischung geben, weil sie sonst alles rot färbt. Mit Vollkornbrot servieren.

Endivien- & Bohnensalat

Für 2 Portionen
Bohnensalat: 1 Stunde Ruhezeit

Endiviensalat

1 Kopf Endiviensalat
1 Bund Kresse
½ Bund Petersilie
4 EL Kräuteressig (Rezept Seite 32)
6 EL Oliven- oder Rapsöl
1 Prise Zucker
Salz, schwarzer Pfeffer aus der Mühle

Bohnensalat

500 g grüne Bohnen
3 Stängel Bohnenkraut
Salz
1 Zwiebel
3 EL Kräuteressig (Rezept Seite 32)
schwarzer Pfeffer aus der Mühle
4 EL Oliven- oder Rapsöl

Die bittere Note und der leicht nussige Geschmack des Endiviensalats machten ihn zum absoluten Favoriten meiner Oma.

Endiviensalat

Den Endiviensalat von seinem Strunk befreien und in feine Blätter teilen. Erst dann abbrausen, trocken schütteln und abtropfen lassen. Die Kresseblättchen abschneiden, die Petersilie klein hacken und mit der Kresse in einer Salatschüssel mit Essig, Öl, Zucker, Salz und Pfeffer verrühren. Den trockenen Endiviensalat mit der Salatsoße vermengen und vor dem Servieren 2–3 Minuten ziehen lassen.

Bohnensalat

Die Bohnen waschen und in grobe Stücke schneiden. Einen Topf mit Wasser aufsetzen und die Bohnen mit Bohnenkraut und Salz darin garen. Nach etwa 10 Minuten das Bohnenkraut entnehmen und die Bohnen abgießen, mit eiskaltem Wasser abschrecken.

Die Zwiebel schälen und klein würfeln. Aus Essig, Pfeffer, Salz und Öl eine Salatsoße rühren, mit den Bohnen vermengen und ca. 1 Stunde durchziehen lassen.

»Die Endivie ist galle- und harntreibend. Also lieber Endiviensalat als Kopfsalat nutzen.«

Löwenzahnsalat

Als Kinder haben wir mit meinen Großeltern jede Menge Löwenzahn vom Wegrand gepflückt. Auch Brennnesseln, Giersch und andere Wildkräuter wurden viel und gerne gegessen. Im Umfeld meiner Oma hat es allerdings viel Kopfschütteln ausgelöst, dass bei ihr in der Küche landete, was andere als Unkraut bekämpften. Doch sie wurde nie müde, die Vorzüge dieser Pflanzen zu betonen. Für sie war Löwenzahn ein Wunderkraut, das alle inneren Organe stärkt und sogar bei Rheuma und Nierensteinen helfen sollte. Kein Wunder also, dass Löwenzahn sowohl als Salat wie auch als Sirup (Rezept Seite 102) regelmäßig zum Einsatz kam.

Für 1 Portion

200 g Löwenzahn (ersatzweise Rucola)
3 EL Oliven- oder Rapsöl
1 EL Kräuteressig (Rezept Seite 32)
1 TL Senf
Salz
schwarzer Pfeffer aus der Mühle
1 Pellkartoffel

Den Löwenzahn in kaltes Wasser legen und gründlich reinigen, eventuell anhaftende Wurzeln entfernen. Die Blätter trocken schleudern oder zum Abtropfen in ein Sieb legen.

Öl, Essig, Senf, Salz und Pfeffer zu einer Salatsoße verrühren. Die Pellkartoffel fein zerstampfen und in die Soße einrühren. Die Löwenzahnblätter damit vermischen. Fertig.

„Er" leitet es auch, wenn der Sturm
dir einen Mast mal bricht
dich sicher in den Hafen ein
u. spendet Trost u. Licht!

Die Pellkartoffel mindert den bitteren Geschmack des Löwenzahns.

Spargel-Kartoffel-Auflauf

Für 4 Portionen
Backzeit: 15 Minuten

Auflauf

1 kg festkochende Kartoffeln oder Pellkartoffeln vom Vortag
1 kg Spargel
1 ½ Bund Schnittlauch
frische Kräuter (z.B. Schnittlauch, Petersilie, Sauerampfer)
Saft von 1 Zitrone
Salz
schwarzer Pfeffer aus der Mühle
2 TL »Pflanzenbutter«, z.B. Margarine von Alsan
1 EL Semmelbrösel

Außerdem

1 Auflaufform, ca. 4 l Inhalt
»Pflanzenbutter« zum Einfetten

Die Kartoffeln mit der Gemüsebürste säubern und Pellkartoffeln kochen. Den Spargel schälen, mit Wasser in einem großen Topf zum Kochen bringen, ½ Bund Schnittlauch zufügen und den Spargel ca. 10 Minuten nicht zu weich garen. Abgießen und die Spargeltunke auffangen. Die Kartoffeln nach ca. 20 Minuten abgießen und abdampfen lassen.

Die Auflaufform einfetten. Die Kartoffeln pellen und in Scheiben schneiden. Die Kräuter waschen, trocken schleudern und fein hacken. Die Spargeltunke mit Zitronensaft, Salz und Pfeffer abschmecken und die Kräuter einrühren.

Den Backofen auf 200 °C Ober- und Unterhitze (180 °C Umluft) vorheizen. Die Kartoffelscheiben in die Auflaufform schichten. Den Spargel in fingerlange Stücke schneiden und auf die Kartoffeln legen. Mit etwas Spargeltunke übergießen und den Auflauf auf der mittleren Schiene etwa 15 Minuten backen.

Die »Pflanzenbutter« in einer Pfanne schmelzen, die Semmelbrösel darin knusprig braten und vor dem Servieren auf den Auflauf streuen. Den restlichen Schnittlauch in Röllchen schneiden und ebenfalls auf den Auflauf geben.

Dieses Gericht kann man auch mit Spinat herstellen. Dann statt der Spargeltunke Butterflöckchen nehmen.

Gemüsetaler

Für 2–4 Portionen
Ruhezeit: 10 Minuten

Gemüse

½ Sellerieknolle
Saft von 1 Zitrone
1 Stange Lauch
100 g Champignons

Teig

300 g Weizenmehl, Type 550
250 ml Wasser (alternativ Reis- oder Hanfmilch)
250 ml kohlesäurehaltiges Wasser (Sprudelwasser)
1 EL Speisestärke
Salz

Zum Ausbacken

Öl

Den Sellerie mit der Gemüsebürste putzen, schälen und fein reiben. Mit Zitronensaft übergießen und ziehen lassen.

Aus Mehl, Wasser (das kohlensäurehaltige Wasser lockert den Teig auf), Stärke und Salz einen Teig rühren. Den geriebenen Sellerie unterheben und ca.10 Minuten ruhen lassen.

Lauch und Pilze säubern, den Lauch waschen und beides in feine Ringe oder Scheiben schneiden.

Das Öl in einer Pfanne erhitzen. Den Pfannkuchenteig mit einer flachen Schöpfkelle einfüllen. Lauch und Pilze darauf verteilen und ausbacken. Nach ca. 2–3 Minuten vorsichtig wenden. Dazu einen Blatt- oder Kartoffelsalat (Rezept Seite 54) reichen.

»Verheierte«

So bezeichnete meine Oma diese Kreation. Wenn Nudeln und Kartoffeln übrig waren, mischte sie beides und briet es in der Pfanne knusprig braun aus. Oft habe ich sie am alten Gasherd stehen sehen, wie sie alles kraftvoll miteinander vermengte und dabei immer philosophierte: »Das ist wie in einer Ehe. Zwei Menschen werden zusammengebracht und sollen eine Einheit bilden. Es wird zusammengefügt, was auf den ersten Blick gar nicht passen kann. Aber wenn man dem anderen erlaubt, seine Eigenart zu behalten und sich selbst seine Einzigartigkeit bewahrt, dann kann etwas Wundervolles entstehen.« Meine Großeltern waren über 60 Jahre miteinander »verheiert«.

Für 4 Portionen

Rote Beete

1 rote Beete (roh oder vorgegart)
1 EL Apfelessig
1 EL Rapsöl
1 Prise Salz

Verheierte

8 kleine Gewürzgurken
1 Zwiebel
1 Bund Petersilie
300 g gekochte Kartoffeln
2 TL »Pflanzenbutter«, z. B. Margarine von Alsan
300 g gekochte Nudeln
Pfeffer aus der Mühle

Wenn Sie rohe Beete nehmen, muss diese zunächst gegart werden. Dafür den Backofen auf 200 °C Ober- und Unterhitze (180 °C Umluft) vorheizen. Die Beete mit einer Gemüsebürste säubern und in Alufolie einschlagen. Auf der mittleren Schiene des Ofens ca. 30–35 Minuten garen. Abkühlen lassen und dann in feine Scheiben hobeln. In einer Soße aus Essig, Öl und Salz marinieren.

Die Gewürzgurken klein schneiden. Die Zwiebel schälen und fein würfeln. Die Petersilie waschen, trocknen und fein hacken. Die Kartoffeln in Scheiben schneiden.

Eine große Pfanne erhitzen und die Butter darin schmelzen. Die Zwiebelwürfel zufügen und glasig dünsten. Nudeln und Kartoffelscheiben in die Pfanne geben und unter ständigem Rühren knusprig braun braten. Die Gewürzgurken hinzufügen und untermengen. Alles mit Salz und Pfeffer würzen.

Das Verheierte auf Tellern anrichten. Die rote Beete beifügen und alles mit Petersilie bestreut genießen.

44

Kürbissuppe

Für 2–3 Portionen

Meine Oma hat diese Suppe ausschließlich mit Wasser zubereitet. Ich empfehle ¼ l Reismilch hinzuzufügen, dann wird die Suppe etwas »sahniger«. Die Reismilch bereite ich in einem Milchzubereiter selber zu. Es geht aber auch völlig ohne Gerät – siehe unten.

Reismilch

1 Tasse Rundkornreis
5 Tassen Wasser
1 Prise Salz
1 Prise Zucker

Suppe

500 g Hokkaidokürbis mit Schale
500 ml Wasser
250 ml Reismilch
1 Zimtstange
1 Vanilleschote
1 TL »Pflanzenbutter«, z. B. Margarine von Alsan
Zucker
Salz

Den Reis für die Reismilch gründlich waschen, mit 2 Tassen Wasser in einem Topf aufsetzen, Salz und Zucker hinzufügen, kurz aufkochen und dann auf kleiner Hitze weich garen bzw. so lange garen, bis kein Wasser mehr im Topf ist.

Dann den Reis mit den restlichen 3 Tassen Wasser zu Milch pürieren, wenn nötig, noch etwas Wasser hinzufügen. Wirklich ausgiebig pürieren, damit sich der Reis komplett auflöst. Mit Salz und Zucker abschmecken. Diese Milch dient nur zum Kochen, zum Trinken ist sie eher ungeeignet.

Den Kürbis fein reiben. Das Wasser mit Reismilch und Zimtstange in einem Topf aufkochen. Die Vanilleschote aufschlitzen und ebenfalls in den Topf geben. Das Kürbisfleisch hinzufügen und ca. 10 Minuten köcheln lassen. Zimtstange und Vanilleschote entfernen. Die Suppe mit »Pflanzenbutter« verrühren, mit Zucker und Salz abschmecken. Falls nötig, noch mit in Wasser aufgelöstem Weizenmehl etwas binden.

Kartoffelmaultaschen

Für 4 Portionen

Füllung

250 g junger Spinat
100 g Champignons
1 Zwiebel
10 g »Pflanzenbutter«, z. B. Margarine von Alsan
Salz
schwarzer Pfeffer aus der Mühle
1 Prise Muskatnuss

Teig

500 g gekochte, kalte Pellkartoffeln
100 g Weizenmehl, Type 550
1 EL Speisestärke
1 TL Kümmel
frische Kräuter (z. B. Petersilie)
50 g »Pflanzenbutter«, z. B. Margarine von Alsan

Oma nannte ihre Kartoffeln immer »Rauhäutlinge«. Wenn sie Pellkartoffeln aufsetzte, sprang die raue Schale sofort auf und zum Vorschein kam eine fast sonnengelbe Farbe. Weiße Kartoffeln hat Oma nie gegessen.

Den Spinat verlesen und waschen. Die Pilze putzen, die Zwiebel schälen und beides klein hacken. 10 g von der »Pflanzenbutter« in einer Pfanne schmelzen und die Zwiebel-Pilz-Mischung darin andünsten. Den Spinat kurz durch die Pfanne schwenken und mit Salz, Pfeffer und Muskatnuss abschmecken. Vom Herd nehmen und beiseitestellen.

Die Kartoffeln pellen, durch eine Kartoffelpresse in eine große Schüssel drücken, mit Mehl, Stärke, Kümmel und den klein gehackten Kräutern vermengen. Den Teig auf einer bemehlten Arbeitsfläche ca. ½ cm dick ausrollen und runde Plätzchen von ca. 6 cm Durchmesser ausstechen. Auf die Hälfte der ausgestochenen Plätzchen jeweils ein Häufchen der Spinat-Pilz-Füllung in die Mitte geben und die anderen Plätzchen darüberlegen. Mit einer Gabel die Ränder vorsichtig zusammendrücken.

Die »Pflanzenbutter« in einer Pfanne erhitzen und die Maultaschen darin bei mäßiger Hitze hellbraun braten. Die Kartoffelmaultaschen mit dem Fett aus der Pfanne übergießen und mit Salat servieren.

Oma hat vom »Urteig«, also ohne Kräuter und Kümmel, etwas beiseitegelegt und für die Kaffeezeit daraus süße Maultaschen gemacht.

Tomatensuppe mit Reis

Für 4 Portionen
Kochzeit: 10–15 Minuten

Diese Suppe gab es bei meinen Großeltern meistens samstags. Zur Suppe wurde frischer Ribbelkuchen gereicht (Rezepte auf Seite 77, 78). Zugegeben, auf den ersten Blick vielleicht eine etwas merkwürdige Kombination. Aber es schmeckt wirklich großartig!

Suppe

500 g Tomaten
1 kleine Zwiebel
2 EL Sonnenblumen- oder Rapsöl
Salz
schwarzer Pfeffer aus der Mühle
1 Bund frischer oder 1 EL getrockneter Majoran
100 ml Gemüsebrühe (Rezept Seite 26)
30 g Langkornreis

Die Tomaten waschen, über Kreuz einritzen und kurz in kochendes Wasser legen, bis die Haut aufspringt. Dann vierteln, entstielen und durch eine flotte Lotte passieren, dabei bleiben Kerne und Schalen automatisch zurück. Meine Oma hat sie umständlicher durch ein Sieb passiert, was man heute natürlich auch noch machen kann.

Die Zwiebel schälen und klein schneiden. In einem großen Topf das Öl erhitzen und die Zwiebel darin glasig anschwitzen. Die passierten Tomaten dazugeben und mit Salz und Pfeffer würzen.

Den Majoran waschen, die Blättchen von den Stielen zupfen und hacken. Mit der Gemüsebrühe zu den Tomaten geben. Dann den Reis hinzufügen. Bei schwacher Hitze ca. 10–15 Minuten köcheln lassen. (Wer die Tomatensuppe vor dem Anrichten nochmals passieren möchte, muss den Reis separat kochen und erst ganz zum Schluss in die Suppe geben.)

P

»Geditschte Gedatschte«

Kartoffeln waren die Leibspeise meiner Großeltern. Der Geschmack von Omas Kartoffeln war wirklich einzigartig. Ich weiß noch, wie entsetzt meine Großeltern waren, als sie das Saatgut dafür nicht mehr beziehen konnten. »Jedes noch so leckere Gericht hängt von der Qualität und dem Geschmack der Zutaten ab«, betonte Oma immer. Es lohnt sich also, sich auf die Suche nach schmackhaften Kartoffeln zu machen.

Für 4–6 Portionen

500 g mehlig kochende Kartoffeln
500 g gekochte Kartoffeln vom Vortag
100 g Weizenmehl, Type 550
1 EL Speisestärke
1 EL lauwarmes Wasser
1 Prise Muskatnuss
Salz
schwarzer Pfeffer aus der Mühle
Sonnenblumen- oder Rapsöl

Die rohen Kartoffeln schälen und fein reiben. Die gekochten Kartoffeln durch eine Presse in eine große Schüssel drücken und mit den geriebenen Kartoffeln, Mehl, Stärke, Wasser, Muskatnuss, Salz und Pfeffer zu einem groben Teig verarbeiten.

In einer tiefen Pfanne reichlich Öl stark erhitzen. Mit einem Löffel etwas Kartoffelteig abstechen und in die Handfläche streichen. Den Teig von einer Handfläche in die andere zu einem ca. 2 cm dicken Viereck klatschen. Wenn der Teig zu klebrig ist, die Hände etwas bemehlen.

Das Geditschte Gedatschte im heißen Öl hellbraun ausbacken. Die Kruste sollte sehr knusprig und das Innere noch weich sein. Dazu passt ein gemischter Salat (Rezept Seite 32) oder Endiviensalat (Rezept Seite 35).

Eine süße Variante mit Apfel

500 g Äpfel schälen und in kleine Stücke schneiden. Mit Zucker und Zimt bestreuen und eine Weile stehen lassen, dabei bildet sich etwas Saft. Apfel mit Saft in den oben beschriebenen Teig (ohne Muskat und Pfeffer) geben und gut vermengen. Die ausgebackenen süßen Geditschte Gedatschte werden mit Zucker bestreut serviert.

Erbsenpfannkuchen

Erbsen sind nicht nur für Veganer eine Fülle an Protein und sollten regelmäßig im Speiseplan auftauchen. Meine Oma hat jeden Tag »grün« gegessen, ob Petersilie, grüner Salat oder grünes Gemüse. Sie ahnte wohl, dass sich das enthaltene Chlorophyll direkt auf die Qualität und die Quantität unserer roten Blutkörperchen auswirkt. Sie war überzeugt davon, dass ihr »Grünzeug« einen wertvollen Beitrag zu ihrer Genesung beigetragen und ihre Gesundheit bis ins hohe Alter erhalten hat.

Für 2–3 Portionen

Erbsenteig

500 g frische, gepalte Erbsen (oder TK-Erbsen)
50 g Weizenmehl, Type 550
⅛ l Wasser (alternativ Reismilch, Rezept Seite 44)
Salz
schwarzer Pfeffer aus der Mühle
frische Kräuter (z. B. Petersilie, Sauerampfer, Basilikum)

Zum Ausbacken

1 EL Oliven- oder Rapsöl

Die Erbsen in einem Topf mit Wasser weich kochen (TK-Erbsen auftauen lassen und ca. 6 Minuten weich kochen) und durch eine Presse zu Brei drücken.

Den Erbsenbrei mit Mehl und Wasser zu einem Teig verarbeiten. Mit Salz und Pfeffer abschmecken. Die Kräuter waschen, trocken schütteln, fein hacken und in den Teig rühren. Der Teig sollte zäh vom Löffel fließen, also nicht zu flüssig sein.

Das Öl in einer Pfanne erhitzen, mit einem Löffel vier Kleckse Teig in die Pfanne geben und die Pfannkuchen von beiden Seiten goldbraun braten.

Kartoffelsalat

Für 4 Portionen

Salat

1 kg festkochende Kartoffeln
1 Bund Petersilie
4 Gewürzgurken + 1 EL Gurkensud

Salatsoße

1 Zwiebel
400 ml Gemüsebrühe (Rezept Seite 26)
1 EL Senf
3 EL Kräuteressig (Rezept Seite 32)
Salz
schwarzer Pfeffer aus der Mühle

Die Kartoffeln ungeschält gar kochen, noch warm pellen und leicht abkühlen lassen.

In der Zwischenzeit die Zwiebel schälen, halbieren, fein würfeln und in einer großen Salatschüssel mit Gemüsebrühe, Senf, Essig, Salz und Pfeffer vermengen.

Die Gewürzgurken in feine Scheiben schneiden und zur Salatsoße geben. Die noch warmen Kartoffeln in Scheiben schneiden, in die Salatschüssel geben, alles miteinander vermengen und gut durchziehen lassen.

Vor dem Anrichten nochmals auflockern und mit dem Sud der Gewürzgurken abschmecken. Die Petersilie waschen, trocken schleudern, die Blättchen abzupfen, hacken und über den Salat streuen. Fertig.

So war es (70, 80, 90) Jahre nun
auf deiner Lebensfahrt – ja –
Gott verläßt die Seinen nicht
„Er" ist immer für dich da! –

Weiße Bohnen mit Apfel, Birne und Bratkartoffeln

Für 2–3 Portionen
Einweichzeit: über Nacht
Kochzeit: 30 Minuten
Dämpfzeit: 20–25 Minuten

Bohnengemüse

500 g getrocknete weiße Bohnen
1 kleine Zwiebel
¼ Sellerieknolle, ca. 100–125 g
500 g Birnen
500 g Äpfel

Bratkartoffeln

500 g festkochende Kartoffeln
1 Gemüsezwiebel
125 g »Pflanzenbutter«, z.B. Margarine von Alsan
Salz
schwarzer Pfeffer aus der Mühle

Die Bohnen über Nacht in Wasser einweichen.

Am nächsten Tag Zwiebel und Sellerie schälen. Einen Topf mit Wasser aufsetzen, Bohnen, Zwiebel und Sellerie hineingeben und in ca. 30 Minuten weich kochen.

Währenddessen die Kartoffeln schälen, waschen und in nicht zu dicke, möglichst gleichförmige Scheiben schneiden. Die Gemüsezwiebel schälen und in Würfel schneiden.

Die »Pflanzenbutter« in einer Pfanne schmelzen und die Kartoffeln hineingeben. Unter ständigem Rühren bei starker Hitze leicht braun anbraten. Danach die Hitze reduzieren, die Zwiebelwürfel hinzugeben und alles mit Salz und Pfeffer würzen. Die Pfanne mit einem Deckel verschließen und die Bratkartoffeln ca. 20–25 Minuten bei schwacher Hitze dämpfen. Zwischendurch immer wieder mal umrühren.

In der Zwischenzeit Birnen und Äpfel schälen, vierteln, die Kerngehäuse entfernen. Die Äpfel in einem Topf mit kochendem Wasser blanchieren. Die Birnenviertel kurz hinzufügen.

Die weichen Bohnen und die Apfel-Birnen-Mischung abseihen, dann alles miteinander vermengen. In einer Schüssel bergartig aufschichten und die Bratkartoffeln kranzförmig darum verteilen. Dazu passt ein Löwenzahnsalat (Rezept Seite 36).

Hefesemmelknödel

»Opa stammt aus Niederbayern!« Ein paar harmlose Worte? Für meine Oma DAS Blankoticket, um meinen Opa zu necken. Vom »in Niederbayern macht man das so« über »das verstehen die nur in Niederbayern« bis hin zum »bayerischen Dickschädel« haben meine Großeltern in den über 60 Jahren ihrer Ehe jeden kulturellen Schlagabtausch zelebriert. Und doch hat Oma ihm mit Hingabe die Leibspeisen seiner Heimat zubereitet – natürlich auf ihre ganz eigene Art. Wir servieren die Knödel mit Omas Tomaten- oder Zwiebelsoße.

Für 2–3 Portionen
Ruhezeit: 20–30 + 15 Minuten
Kochzeit: 15–20 Minuten
Foto auf Seite 6

Knödelteig

400 g Weizenmehl, Type 550
80 g weiche »Pflanzenbutter«, z.B. Margarine von Alsan
175 ml warmes Wasser
20 g Hefe
1 TL Salz
4 Semmeln (einfache Brötchen)
1 Zwiebel
3–4 EL gehackte, frische Kräuter (z.B. Schnittlauch, Petersilie, Brunnenkresse, Kerbel, Brennnessel, Sauerampfer)
2 EL Sonnenblumenöl

Das Mehl in eine Schüssel sieben. Die Butter zerlassen, aber nicht heiß werden lassen, und mit Wasser, zerbröselter Hefe und Salz zu einem Teig verkneten. Den Teig zu einer Kugel formen, in eine Schüssel legen, abdecken und an einem warmen Ort 20–30 Minuten gehen lassen.

Die Semmeln in Würfel schneiden. Die Zwiebel schälen und fein hacken. Die Kräuter waschen, trocknen und fein hacken. Das Öl in einer Pfanne erhitzen, die Zwiebel darin anrösten, die Semmelwürfel zugeben und im Fett schwenken. Alles zum Teig geben, die Kräuter zufügen und einkneten. Den Teig abgedeckt nochmals ca. 15 Minuten gehen lassen.

In einem breiten Topf Salzwasser erhitzen. Den Teig erneut durchkneten, mit feuchten Händen Knödel formen und sie in das heiße, aber nicht kochende Wasser geben, wo sie ca. 15–20 Minuten bei schwacher Hitze garen. Das Wasser darf nicht kochen, sonst zerfallen die Knödel.

Die Knödel aus dem Wasser nehmen, etwas abtropfen lassen und mit Tomaten- oder Zwiebelsoße servieren.

Tomaten- und Zwiebelsoße

Jeweils für 4 Portionen
Kochzeit jeweils: 20–30 Minuten

Tomatensoße

750 g Tomaten (ca. 6–8 Stück)
2 Gemüsezwiebeln
4 EL Oliven- oder Rapsöl
1 TL Zitronensaft
Salz
schwarzer Pfeffer aus der Mühle
1 Prise Zucker

Zwiebelsoße

8 Gemüsezwiebeln
150 g »Pflanzenbutter«, z. B. Margarine von Alsan
80 g Rohrzucker
200 ml Gemüsebrühe (Rezept Seite 26)
Salz
schwarzer Pfeffer aus der Mühle

Tomatensoße

Für die Tomatensoße die Tomaten waschen, trocknen und in Würfel schneiden, dabei die Stielansätze entfernen. Die Zwiebeln schälen und klein schneiden.

Das Öl in einem großen Topf erhitzen. Tomaten und Zwiebeln in den Topf geben und andünsten. Mit Zitronensaft ablöschen. Danach mit Salz, Pfeffer und Zucker abschmecken und die Hitze reduzieren. Mindestens 20 Minuten köcheln lassen. In der Zwischenzeit ein Sieb mit einem Mulltuch auslegen und über einen Topf legen. Die fertige Tomatensoße locker durch das Sieb streichen und nochmals abschmecken.

Zwiebelsoße

Die Zwiebeln schälen und klein schneiden. Die »Pflanzenbutter« in einem Topf erhitzen und die Zwiebeln darin anschwitzen. Sobald sie glasig sind, die Zwiebeln wieder aus dem Topf nehmen und beiseitestellen.

In der verbliebenen heißen Butter den Rohrzucker karamellisieren. Danach die Zwiebeln wieder hinzufügen und mit der Gemüsebrühe ablöschen. Die Hitze reduzieren und die Zwiebelsoße ca. 20–30 Minuten einkochen lassen. Zum Schluss mit Salz und Pfeffer abschmecken.

Erbsensuppe

Für 2–3 Portionen
Kochzeit: 35–40 Minuten

Suppe

1 Möhre
1 Zwiebel
1 EL Sonnenblumen- oder Rapsöl
300 g frische, gepalte Erbsen (oder TK-Erbsen)
500 ml Gemüsebrühe (Rezept Seite 26) oder 1 TL Gemüsebrühpulver
je 2–3 Stiele frische Kräuter: Thymian, Majoran und Bohnenkraut
Salz
schwarzer Pfeffer aus der Mühle

Zum Bestreuen

½ Bund Petersilie

Dazu gab es bei meiner Oma immer Ribbelkuchen (Rezept Seite 76).

Die Möhre waschen, schälen und fein reiben. Die Zwiebel schälen und klein schneiden.

Das Öl in einem großen Topf erhitzen. Möhre und Zwiebel hinzufügen und kurz dünsten. Dann die Erbsen (bei TK-Ware die unaufgetauten Erbsen) dazugeben und alles verrühren. Mit der Gemüsebrühe ablöschen.

Den selbst zusammengestellten Kräuterbund zusammenbinden, dazugeben und ca. 35–40 Minuten köcheln lassen. Dabei immer wieder umrühren. Nach Ende der Kochzeit den Kräuterbund entfernen und das Gericht mit Salz und Pfeffer abschmecken.

Die Petersilie waschen, trocken schleudern und die Blättchen fein hacken. Vor dem Anrichten über die Suppe streuen.

Grießschaum mit Zitrone & Gefrorene Früchte

Jeweils für 2–3 Portionen

Grießschaum

750 ml Wasser
90 g Weichweizengrieß
50 g Zucker
1 Prise Salz
1 Bio-Zitrone

Gefrorene Früchte

150 g Erdbeeren
150 g Kirschen, entsteint
150 g Himbeeren
150 g Apfel- oder Birnenscheiben
1 EL Zucker
1 EL Weinbrand, Süßwein oder Saft 1 Limette

Meine Oma hat den gefrorenen Obstsalat in einem Steinguttopf immer mit aufs Feld genommen und dort zur Mittagszeit als Nachtisch serviert. Für uns Kinder wurden die Früchte natürlich ohne Alkohol eingelegt. Noch heute essen wir im Sommer gerne diese erfrischende Nascherei.

Grießschaum

Das Wasser in einem Topf zum Kochen bringen und den Grieß unter ständigem Rühren einstreuen. Zucker und Salz einrühren. Den Topf mit einem Deckel verschließen, von der Herdplatte nehmen und den Grieß 5–8 Minuten ausquellen lassen.

Die Zitrone waschen, abtrocknen, die Schale abreiben, den Saft auspressen und beides in den Grießbrei rühren, der cremig sein sollte. Mit einem Schneebesen den Grießbrei schaumig schlagen, in Schälchen füllen und servieren.

Gefrorene Früchte

Die Früchte mit Zucker bestreuen, mit Weinbrand, Süßwein oder Limettensaft übergießen und ins Gefrierfach stellen. Es können auch einige eingemachte Früchte untergemischt werden, je mannigfacher die Fruchtmischung ist, desto besser schmeckt sie. Die Früchte vor dem Servieren leicht antauen lassen. Wer mag, kann Fruchtsaft oder Agavensirup darübergießen und den Nachtisch mit Kakaonibs oder Schokostreuseln verzieren.

Rhabarberkompott mit karamellisierten Haferflocken

Für 2–3 Portionen
Ruhezeit: 30 Minuten
Kochzeit: 15 Minuten

Kompott

1 Zitrone
4 Stangen Rhabarber
1 EL Rosinen
2 EL Zucker

Haferflocken

1 TL »Pflanzenbutter«, z.B. Margarine von Alsan
4 EL Haferflocken
2 EL dunkler Agavendicksaft (Rohkostqualität)

Die Zitrone auspressen. Den Rhabarber putzen, in kleine Würfel scheiden, mit den Rosinen in eine Schüssel geben und mit dem Zitronensaft beträufeln. Den Zucker darüberstreuen und ca. 30 Minuten ziehen lassen. Anschließend mit der Flüssigkeit in einem Topf aufkochen und ca. 15 Minuten weich kochen, eventuell noch etwas Wasser nachfüllen.

Die »Pflanzenbutter« in einer Pfanne erhitzen. Die Haferflocken darin anrösten. Die Pfanne vom Herd nehmen und den Agavendicksaft zugeben und einrühren. Anschließend wieder kurz erwärmen, damit sich die Haferflocken mit dem Dicksaft verbinden, der nur erwärmt und nicht erhitzt werden darf.

Die Haferflockenmischung wieder vom Herd nehmen und während des Karamellisierens umrühren. Der Dicksaft karamellisiert ähnlich wie Honig, also erst in dem Moment, in dem er vom Herd genommen wird und wieder erkaltet. Die karamellisierten Haferflocken vor dem Servieren über den Rhabarber geben.

Was bleibt u. was besteht?
das hab ich oft gefragt
doch selten hab ich „danke"
der Kleinigkeit gesagt

Weißbierkaltschale

Für 2–3 Portionen
Kühlzeit: 2 Stunden

Kaltschale

1 Bio-Zitrone
200 ml Wasser
1 EL Sago
1 l Weißbier
100 g gehackte Hasel- oder Walnüsse
100 g Zucker
1 Handvoll Rosinen

Außerdem

Backpapier

Die Zitrone halbieren, eine Hälfte auspressen, von der anderen Hälfte 4 dünne Scheiben abschneiden. Das Wasser kochen und den Sago einrühren. Das Weißbier unter ständigem Rühren hinzufügen, den Zitronensaft zugeben. Kurz aufkochen lassen, durchrühren und eindicken lassen. Dann vom Herd nehmen und kalt stellen.

Eine Pfanne erhitzen und die Nüsse darin ohne Fett anrösten, bis sie zu duften beginnen. Den Zucker zufügen und so lange verrühren, bis er sich aufgelöst hat und leicht braun geworden ist, dann sofort vom Herd nehmen, die Nüsse auf Backpapier ausbreiten und abkühlen lassen.

Die Rosinen auf den Boden einer Dessertschale geben, mit den Zitronenscheiben bedecken, die zerhackten, karamellisierten Nüsse darauf verteilen und die Weißbierkaltschale darübergießen. Mindestens 2 Stunden kalt stellen, denn dieses Dessert muss gut gekühlt gereicht werden.

Apfelflammeri

Für 4 Portionen
Kochzeit: 10–12 Minuten
Kühlzeit: 2 Stunden

Flammeri

500 g säuerliche Äpfel
1 Bio-Zitrone
100 g Zucker
100 g Weizenmehl, Type 550
½ l kaltes Wasser
1 Päckchen Vanillezucker
Kirsch- oder Himbeersaft

Außerdem

Puddingform, 22 cm Durchmesser

Die Äpfel schälen, vierteln und entkernen. In einen Topf geben und mit 2 TL Wasser weich kochen.

Die Zitrone waschen, abtrocken und von einer Hälfte die Schale abreiben. Eine Hälfte auspressen. Die weiche Apfelmasse durch ein Sieb passieren. Den Apfelbrei mit Zucker, Zitronenabrieb und Mehl in einem Topf verrühren. Das kalte Wasser nach und nach einrühren. Das Ganze aufkochen und ca. 2 Minuten kochen lassen. Zum Schluss Vanillezucker und Zitronensaft untermischen.

Die Masse in eine mit Wasser ausgespülte Puddingform füllen und 2 Stunden kalt stellen. Nach dem Erkalten stürzen und mit Kirsch- oder Himbeersaft servieren.

Formkuchen z. Weihnachten

30 gr. Fett
125 gr. Zucker
Kuchengewürz
} verrühren

100 gr. rohe, ger. Möhren
250 gr. Weizenmehl
½ Pkt. Backpulver
25 gr. Kakao
2 Essl. Milch
} beifügen

Die Kuchenform einfetten u. mit weiß Papier auslegen. 60-70 Min. backen. In der Form erkalten lassen u. dann erst herausnehmen.

Kaffeezeit

Kaffeeduft, Kerzenschein und ein süßlicher Duft, der durchs Haus zieht: Kaffeezeit! Das war die Lieblingszeit des Tages meiner Oma. Zum einen läutete die Kaffeezeit den nahenden Feierabend ein und zum anderen war das vor allem im Herbst und Winter die besinnliche Zeit. Denn das war die Zeit, wo wir alle zusammensaßen. »Jetzt wird es gemütlich!« – Jawoll, Oma!

Süße Maultaschen mit Früchtekompott

Für 6–8 Stück

Maultaschen

500 g mehlig kochende Kartoffeln, gekocht, vom Vortag
100 g Weizenmehl, Type 550
60 g + 2 EL »Pflanzenbutter«, z. B. Margarine von Alsan
1 Prise Salz
1 Päckchen Backpulver
1 EL Weinbrand
80 g Zucker

Füllung

Konfitüre oder Trockenobst mit Nüssen

Früchtekompott

3 Äpfel
3 Birnen
60–80 ml Wasser
1 Vanilleschote
2 Zimtstangen
2 Anissterne
50 g Rosinen

Die gekochten, kalten Kartoffeln für die Maultaschen durch eine Kartoffelpresse drücken und mit Mehl, 60 g »Pflanzenbutter«, Salz, Backpulver, Weinbrand und Zucker vermengen. Auf einer bemehlten Arbeitsfläche ca. ½ cm dick ausrollen und Plätzchen von ca. 6 cm Durchmesser ausstechen.

Auf eine Hälfte der Plätzchen in die Mitte einen Klecks Marmelade geben, die andere Hälfte der Plätzchen darauflegen und die Ränder mit einer Gabel vorsichtig zusammendrücken.

2 EL »Pflanzenbutter« in einer Pfanne erhitzen und die Maultaschen bei schwacher Hitze hellgelb ausbraten, dabei ein paar Mal wenden, damit sie schön kross werden. Vor dem Servieren mit dem Fett aus der Pfanne begießen.

Für das Kompott Äpfel und Birnen waschen, vierteln und entkernen. Die Obstviertel in einem Topf kurz erhitzen und mit dem Wasser ablöschen. Die Vanilleschote aufschlitzen und mit Zimtstangen und Anissternen zum Obst geben. Bei schwacher Hitze ca. 10 Minuten köcheln lassen. Etwa 2 Minuten vor Ende der Kochzeit die Rosinen hinzufügen. Anschließend Vanilleschote, Zimtstange und Anissterne entfernen und das warme Kompott zu den Maultaschen servieren.

Die Äpfel und Birnen von den Bäumen meiner Großeltern waren immer so süß und saftig, dass Oma auf die Zugabe von Zucker verzichtet hat.

Linzertorte

Für 12 Stück
Ruhezeit: 1 Stunde
Backzeit: 50–60 Minuten

Die Linzertorte war der Lieblingskuchen meiner Oma, trotzdem gab es ihn nur zum Jahreswechsel. Im Sommer wolle man keine schweren Kuchen essen, meinte Oma. Wie alle Pfälzer, so hat auch meine Oma dazu ein Glas Weißwein oder ein Gläschen Sekt gereicht. Viele mögen sich wundern über die Kombination von Wein & Kuchen. Aber meine Großeltern lebten und liebten diese Pfälzer Tradition. Und sie ist allemal eine genussvolle Erfahrung wert.

Teig

200 g Weizenmehl, Type 550
200 g Zucker
250 g gemahlene Mandeln
1 TL Zimtpulver
1 Messerspitze Nelkenpulver
1 gehäufter TL Kakao
250 g »Pflanzenbutter«, z. B. Margarine von Alsan
1 EL Apfelmus
2 cl Kirschwasser (1 Schnapsglas)
1 Messerspitze gemahlene Vanille

Belag

200 g Johannisbeer-Erdbeer-Marmelade (Rezept Seite 16)

Außerdem

1 Springform, 28 cm Durchmesser
Fett für die Form

Das Mehl mit Zucker, Mandeln, Zimt, Nelke und Kakao vermengen. Mit »Pflanzenbutter«, Apfelmus, Kirschwasser und Vanille zu einem feuchten Teig verarbeiten und für ca. 1 Stunde in den Kühlschrank stellen.

Den Backofen auf 180 °C Ober- und Unterhitze vorheizen. Die Springform einfetten. Auf einer bemehlten Arbeitsfläche zwei Drittel des Teigs rund ausrollen und auf den Boden der Form legen. Das restliche Drittel ausrollen und in Streifen schneiden.

Die Marmelade auf dem Kuchenboden verstreichen und die Streifen gitterartig darüberlegen. Den Kuchen auf der mittleren Schiene 50–60 Minuten backen. In der Form auskühlen lassen und erst dann auf einen Rost legen.

Für diese süße Torte ist es wichtig, Marmelade einer säuerlichen Frucht zu nehmen, zum Beispiel passt auch Stachelbeermarmelade sehr gut.

Ribbelkuchen mit Hefeteig

Für 12–16 Stücke
Ruhezeiten: 10 + 30 Minuten
Backzeit: 20–25 Minuten

Das ist unser ganz besonderer Familienkuchen und ein MUSS bei jedem Zusammentreffen. Omas Ribbel, also Streusel, sind die besten auf der Welt.

Hefeteig

1 Würfel Hefe
175 ml warmes Wasser
1 Bio-Zitrone
100 »Pflanzenbutter«, z. B. Margarine von Alsan
500 g Weizenmehl, Type 550
90 g Zucker
1 Prise Salz
4 EL Apfelmus

Ribbel

125 g weiche »Pflanzenbutter«, z. B. Margarine von Alsan
62,5 g kalte »Pflanzenbutter«, z. B. Margarine von Alsan
150 g Weizenmehl, Type 550
100 g Zucker
1 TL Zimtpulver
200 g Mandelstifte

Außerdem

Backblech
Mehl und Fett für das Blech

Zuerst die Hefe ansetzen, also die Hefe zerbröseln, mit 60 ml lauwarmem Wasser verrühren und abgedeckt etwa 10 Minuten ruhen lassen.

Die Zitrone waschen, abtrocken und die Schale abreiben. Die Butter in einem Topf zerlaufen lassen (sie darf nicht heiß werden!). In einer großen Schüssel Mehl, Zucker, Zitronenabrieb und Salz miteinander verrühren und zu einem kleinen Berg anhäufen.

In die Mitte eine kleine Mulde bilden und die warme Butter, den Hefeansatz und das restliche lauwarme Wasser nach und nach hinzufügen. Alles mit der Hand vorsichtig vermengen, bis der Teig schön geschmeidig und glatt ist. Ist er zu klebrig, noch etwas Mehl zugeben. Den Teig zur Kugel formen, in eine große Schüssel legen und mit einem Messer ein Kreuz einschneiden, damit der Teig gut aufgehen kann. Danach mit einem feuchten Tuch bedecken und ca. 30 Minuten an einem warmen Ort gehen lassen.

Das Backblech einfetten und mit Mehl bestäuben. Den Teig nochmals durchkneten, auf dem Backblech ausrollen und mit dem Apfelmus bestreichen.

Den Backofen auf 200 °C Ober- und Unterhitze vorheizen. Für die Ribbel Butter, Mehl, Zucker und Zimt mit den Händen schnell vermengen und mit den Mandelstiften zu groben Streuseln zerdrücken. Die Streuselmasse darf nicht zu weich sein, damit sie beim Backen nicht zerläuft. Die Streusel aufstreuen und den Kuchen auf der mittleren Schiene 20–25 Minuten backen.

Ribbelkuchen mit Kartoffelteig

Für 12–16 Stück
Backzeit: 20–25 Minuten

Teig

250 g mehlig kochende Kartoffeln, gekocht
400 g Weizenmehl, Type 550
4 EL »Pflanzenbutter«, z. B. Margarine von Alsan
250 g Zucker
5 EL Apfelmus
1 ½ Päckchen Backpulver
1 Prise Salz

Ribbel

125 g weiche »Pflanzenbutter«, z. B. Margarine von Alsan
62,5 g kalte »Pflanzenbutter«, z. B. Margarine von Alsan
150 g Weizenmehl, Type 550
100 g Zucker
1 TL Zimtpulver
200 g Mandelstifte

Außerdem

Backblech
Fett und Mehl für das Blech

Wenn Oma von früher erzählt hat, dann war ein Thema, dass während des Krieges das Getreide knapp wurde und Kartoffeln an die Stelle von Mehl traten. Die stärkehaltige Kartoffel war ebenso bindefähig wie Mehl und gab dem Teig noch mehr Feuchte. Die Mischung von Mehl und Kartoffeln hat meine Oma zeitlebens beibehalten. Und deshalb hier ihr Streuselkuchen mit einem Kartoffel-Mehl-Teig.

Das Backblech einfetten und mit Mehl bestäuben. Die gekochten Kartoffeln durch eine Presse drücken und mit Mehl, Butter, Zucker, 1 EL Apfelmus, Backpulver und Salz zu einem geschmeidigen Teig verarbeiten. Den Kartoffel-Mehl-Teig auf dem Blech ausrollen und mit dem restlichen Apfelmus dünn bestreichen.

Den Backofen auf 200 °C Ober- und Unterhitze vorheizen. Für die Ribbel Butter, Mehl, Zucker und Zimt mit den Händen schnell vermengen und mit den Mandelstiften zu groben Streuseln zerdrücken. Die Streuselmasse darf nicht zu weich sein, sonst verläuft sie beim Backen zu einer Streuselschicht. Die Streusel locker verteilen und den Kuchen auf der mittleren Schiene 20–25 Minuten goldgelb und knusprig backen.

Kartoffel-Apfel-Napfkuchen

Für 12 Stück
Backzeit: 50–60 Minuten

Teig

250 g gekochte Kartoffeln
250 g Weizenmehl, Type 550
175 g Zucker
1 EL Apfelmus
1 Päckchen Soßenpulver Vanillegeschmack
1 Prise Salz
125 ml Wasser
Saft von ½ Zitrone
1 Päckchen Backpulver
100 g Rosinen oder getrocknetes Mischobst

Außerdem

Napfkuchenform, 22 cm Durchmesser
Fett und Paniermehl für die Form

Meine Oma war bekannt für ihren hervorragenden Kaffee. Das lag vor allem daran, dass sie ihn zeitlebens frisch gebrüht hat. Dazu hat sie frisches Quellwasser erhitzt und die Kaffeebohnen in der Handmühle gemahlen. Das Kaffeepulver hat sie in einen Keramikfilter gefüllt. Von dem heißen Quellwasser hat sie dann immer nur eine Schöpfkelle voll durch den Filter in die Kaffeekanne fließen lassen. Das dauerte gefühlt zwar ewig, doch der Kaffee war unvergleichlich lecker.

Die gekochten Kartoffeln reiben und mit Mehl, Zucker, Apfelmus, Soßenpulver, Salz, Wasser, Zitronensaft und Backpulver zu einem Rührteig verarbeiten, der zäh fließend vom Löffel fallen sollte.

Den Backofen auf 200 °C Ober- und Unterhitze vorheizen. Die Kuchenform gut einfetten und mit Paniermehl ausstreuen. Die Rosinen unter den Teig heben und gut vermengen.

Den Teig in die Backform füllen und auf der unteren Schiene 50–60 Minuten backen.

die zierlich stand am Wege
u. gab mir manches Glück
ich nahm's als selbstverständlich
u. sann nicht lang zurück

Kastanienschnitten

»Dank! Gras und Blumen, Wiesen und Felder, Bäume und Sträucher, grüne Wälder, überall an allen Ecken kann ich Herrliches entdecken.« Zitat von Oma.
Wie wohl alle Kinder haben auch wir kleine Spielfiguren aus den herabfallenden Kastanien gebastelt. Doch zum Schreck meiner Großeltern bewiesen mein Bruder und ich dabei eine enorme Ausdauer und Hingabe, sodass unser Tageswerk eine riesige Heerschar dieser kleinen Gestalten ergab, welche die ganze Hofeinfahrt meiner Großeltern schmückte. Und da niemand den Stolz auf unsere Leistung mindern wollte, parkte Opas VW-Bus einfach auf der Straße. Aus den Esskastanien im Park hat meine Oma gerne leckere Kastanienschnitten gebacken – und sich über den Herbst und die einkehrende Ruhe gefreut.

Für 12–16 Schnitten
Kochzeit: 15–20 Minuten
Backzeit: 20–25 Minuten

Teig

250 g Esskastanien (oder geschälte, vorgekochte Maronen)
125 g Weizenmehl, Type 550
125 g Zucker
125 g weiche »Pflanzenbutter«, z.B. Margarine von Alsan
½ TL gemahlene Vanille

Glasur

Saft von 1 Zitrone
1 EL Puderzucker

Außerdem

Backblech, Backpapier

Die Kastanien mit einem scharfen Messer an einer Seite kreuzförmig einritzen, in einen Topf geben, mit Wasser bedecken (nur so, dass die Kastanien gerade noch bedeckt sind) und 15–20 Minuten im geschlossenen Topf garen. Sie sind fertig, wenn die Schale aufplatzt und das Kastanienfleisch wirklich weich ist. Abgießen und noch heiß schälen, dabei auch die Hautschicht sorgsam entfernen, da sie bitter schmeckt. Die Kastanien dann heiß durch ein Sieb streichen. Sind sie bereits erkaltet, ist es besser, sie zu pürieren.

Kastanienpüree, Mehl, Zucker, Butter und Vanille zu einem Teig vermengen. Den Backofen auf 200 °C Ober- und Unterhitze (Umluft 180 °C) vorheizen. Das Backblech mit Backpapier belegen.

Den Teig auf einer bemehlten Arbeitsfläche ausrollen, in 12–16 gleich große Schnitten schneiden und auf das Backblech legen. Auf der mittleren Schiene 20–25 Minuten backen.

Für die Glasur Zitronensaft und Zucker klümpchenfrei verrühren und die erkalteten Kastanienschnitten damit bestreichen.

Kastenkuchen mit Möhre

Für 1 Kuchen
Backzeit: 40–50 Minuten

100 g Möhren
125 g »Pflanzenbutter«, z.B. Margarine von Alsan
125 g Zucker
1 EL Apfelmus
1 TL Lebkuchengewürz
250 g Weizenmehl, Type 550
½ Päckchen Backpulver
25 g Kakao
2 EL Wasser

Außerdem

Kastenform 22 cm
Fett für die Form

Formkuchen nannte meine Oma immer ihren Möhrenkuchen, den sie vor allem in der Adventszeit gereicht hat. Als Kinder fanden wir es merkwürdig, Möhren in einen Kuchen zu geben, doch sie machen den Kuchen schön feucht. Dazu eine Tasse Kaffee aus frisch gemahlenen Bohnen, dann erinnerte nicht nur das Lebkuchengewürz an das bevorstehende Weihnachtsfest.

Die Möhren schälen und fein reiben. Mit »Pflanzenbutter«, Zucker und Apfelmus vermengen, das Lebkuchengewürz unterheben und mit Mehl, Backpulver, Kakao und Wasser gut verkneten.

Den Backofen auf 200 °C Ober- und Unterhitze (180 °C Umluft) vorheizen. Die Backform gut einfetten und den Teig einfüllen. Den Kuchen auf der mittleren Schiene 40–50 Minuten backen. In der Form erkalten lassen und erst dann herausnehmen.

Manchmal gab Oma auch Rosinen, Trockenobst und Nüsse in den Teig.

Haferflockenlebkuchen mit Kürbishonig

Für ca. 750 ml Honig
Kochzeit: 30 + 45 Minuten
Für 10–12 Lebkuchen
Backzeit: 15–20 Minuten

Oma hat immer erzählt, dass es während des Krieges nur Kunsthonig zu kaufen gab. Das muss so eine Art Invertzucker oder Rübenzucker gewesen sein. Den lehnte meine Oma jedoch ab und entwickelte ihr eigenes Rezept für Kürbishonig.

Kürbishonig

500 g Hokkaidokürbis
1 Vanilleschote
1 Zimtstange
Saft von 1 Orange
4 EL Zucker

Lebkuchenteig

250 g Haferflocken
150 g »Pflanzenbutter«, z. B. Margarine von Alsan
200 g Weizenmehl, Type 550
1 Päckchen Backpulver
1 EL Lebkuchengewürz
2 EL Apfelmus
60 g Zucker
50 g Kürbishonig

Glasur

Saft von 1 Zitrone
1 EL Puderzucker

Außerdem

Backblech
Plätzchenausstecher
Fett für das Blech

Für den Honig den Kürbis fein reiben, ein wenig für die Deko beiseitestellen. Die Vanilleschote mit einem Messer aufschlitzen. Kürbis, Zimt und Vanilleschote in 1½ l Wasser 20–30 Minuten kochen, danach durch ein Sieb passieren und die Flüssigkeit auffangen.

Orangensaft und Zucker zur Kürbisflüssigkeit geben und ca. 45 Minuten einkochen lassen, dann erneut durch ein Sieb passieren. Die Masse in Flaschen abfüllen.

Für die Lebkuchen die Haferflocken in einer Pfanne rösten. Das Fett in einem Topf schmelzen. Haferflocken, Fett, Mehl, Backpulver, Lebkuchengewürz, Apfelmus, Zucker und Kürbishonig zu einem Teig verkneten.

Das Backblech einfetten. Den Backofen auf 200 °C Ober- und Unterhitze (180 °C Umluft) vorheizen. Den Teig auf einer bemehlten Arbeitsfläche mit einem Teigroller ca. 1 cm dick ausrollen, Plätzchen ausstechen und auf das Backblech legen. Auf der mittleren Schiene 15–20 Minuten backen.

Aus Zitronensaft und Puderzucker eine Glasur herstellen und die noch warmen Lebkuchen damit bestreichen und mit Kürbisraspeln bestreuen.

Meine Oma zog dem Nudelholz immer eine Feinstrumpfhose über. So könne der Teig nicht dran kleben bleiben und man spare sich das Mehl, meinte sie.

Grießkuchen

Für 4 Portionen
Kochzeit: 7 Minuten
Backzeit: 25–30 Minuten

Teig

250 ml Mandelmilch (Rezept Seite 24)
250 ml Wasser
1 Prise Salz
30 g Zucker
60 g Weichweizengrieß
1 EL Weizenmehl, Type 550
1 EL »Pflanzenbutter«, z.B. Margarine von Alsan
3 EL feste Marmelade

Außerdem

Auflaufform, ca. 1 l Inhalt
Fett für die Form

In einem Topf Mandelmilch und Wasser verrühren und zum Kochen bringen. Die heiße Milch vom Herd nehmen, Salz und Zucker hinzufügen und den Grieß unter ständigem Rühren zugeben. Erneut kurz aufkochen und dann ca. 5 Minuten bei schwacher Hitze köcheln lassen. Dabei immer umrühren.

Den fertigen Grießbrei vom Herd nehmen, abkühlen lassen und dann mit Mehl und Fett vermengen. Die Konsistenz des Teigs muss eher fest sein, so wie ein Mürbeteig, eventuell noch etwas Mehl hinzufügen.

Die Auflaufform einfetten. Den Backofen auf 200 °C Ober- und Unterhitze (180 °C Umluft) vorheizen. Abwechselnd eine Lage Grießteig und eine Lage Marmelade in die Form schichten. Den Grießkuchen auf der mittleren Schiene 25–30 Minuten backen. In der Form in Portionen schneiden und kurz auskühlen lassen. Lauwarm schmeckt er am besten.

es war gar manche Perle
in unscheinbarem Kleid
ich weiß es nun erst schmerzlich
nach längst vergangner Zeit!

Erdbeertorte aus dem Kühlschrank

Für 8–12 Stück
Kühlzeit: über Nacht

Torte

500 g Erdbeeren
300 g Zwieback
100 g »Pflanzenbutter«, z.B. Margarine von Alsan
2 TL Zucker

Zum Verzieren

2 EL gehackte Haselnüsse

Außerdem

Springform, 26 cm Durchmesser
Fett für die Form

Wenn wir an heißen Sommertagen mit auf die Felder durften, hatte Oma immer ausreichend Nahrung dabei. Zur Kaffeezeit hatte mein Opa einen schattigen Platz ausfindig gemacht und eine Zeltplane aufgespannt. Darunter saßen wir dann alle und haben geschmaust. Hatten mein Bruder und ich fleißig beim Erdbeerpflücken geholfen, gab es am nächsten Tag zur Belohnung diesen »Zwiebackkuchen«, so haben wir Kinder ihn genannt.

Die Erdbeeren putzen, waschen, trocknen, die Stiele entfernen und mit einer Gabel grob zerquetschen oder in kleine Würfel schneiden, eventuell süßen (meine Oma hat die Erdbeeren immer ungesüßt verarbeitet).

Die Zwiebacke in eine Plastiktüte legen und mit dem Nudelholz zu feinem Mehl zerdrücken. Das Zwiebackmehl in der Pfanne mit Fett und Zucker kurz anrösten.

Die Springform einfetten und abwechselnd eine Schicht Zwiebackmasse und eine Schicht Erdbeeren einfüllen, dabei die Zwiebackmasse immer fest in die Erdbeeren drücken. Die letzte Schicht muss aus Zwiebackmasse bestehen, diese auch fest eindrücken. Die Torte über Nacht im Kühlschrank durchziehen lassen. Vor dem Servieren auf einen Teller stürzen und mit gehackten Nüssen verzieren.

Grützaufstrich

125 gr. Hafer= od. Gerstengrütze
reichl. ½ l Wasser
etw. Sellerie
Majoran, Bohnenkraut
einige Zwiebel
20 gr. Fett
einige Grieben

Abendbrot

»Mit vollem Magen geht man nicht ins Bett.« Obwohl meine Oma zu einer Generation gehörte, die täglich vier Mahlzeiten verzehrte, war sie nicht der Meinung, dass man sich zu jeder Mahlzeit den Magen auch vollschlagen sollte. »In der Mäßigkeit liegt das wahre Gleichgewicht«, betonte Oma immer und so gab es abends oft einfach eine saftige Birne von Omas Bäumen, liebevoll entkernt und für uns Kinder in kleine Würfel geschnitten. Sehr lecker!

Wir liebten die Abendrituale mit meinen Großeltern – ob aus Ästen Holzflöten gebastelt, Matratzen zu einem Trampolin umfunktioniert, vorgelesen oder Geschichten erzählt wurden. Aber alles begann schon beim Abendessen. Denn natürlich mussten wir Kinder unsere Abendbrote nie selbst belegen, sondern bekamen sie liebevoll in kleine Stücke geschnitten auf Holzbrettchen serviert. Mit Liebe zubereitet – da schmeckt das Abendbrot doppelt gut!

ROSTFREI
SOLINGEN

Kalte Gemüseplatte mit falscher Mayonnaise

Für 2–3 Portionen
Kochzeit Mayonnaise: 15 Minuten
Marinierzeit Gemüse: 24 Stunden

Mayonnaise ohne Ei? Das geht doch gar nicht! Doch, das geht sehr wohl. Und schmeckt sogar noch richtig lecker. Damit sich alle Zutaten besser miteinander verbinden, hat meine Oma die Mayonnaise zunächst wie eine Mehlschwitze zubereitet und erst nach dem Erkalten pikant gewürzt.

Mayonnaise

20 g »Pflanzenbutter«, z. B. Margarine von Alsan
1 EL Öl
40 g Weizenmehl, Type 550
½ l Reismilch (Rezept Seite 44)
½ TL geriebene Zwiebel
1 EL Senf
1 EL Essig
Salz
schwarzer Pfeffer aus der Mühle

Gemüse

500 g Spargel
500 g Blumenkohl
4 EL Kräuteressig (Rezept Seite 32)
1 TL Senf
1 Bund Petersilie
4 Cornichons
1 EL Kapern
2 mittelgroße feste Tomaten
1 Fenchelknolle

Für die Mayonnaise »Pflanzenbutter« und Öl in einem Topf zergehen lassen. Das Mehl zugeben und hell anschwitzen. Mit Reismilch ablöschen und ca. 15 Minuten köcheln lassen. Wenn die Masse zu dick wird, etwas Gemüsebrühe oder Sud von Gewürzgurken zugeben. Den Topf vom Herd nehmen und die Masse erkalten lassen. Dann Zwiebel, Senf und Essig unterrühren und mit Salz und Pfeffer pikant abschmecken.

Den Spargel schälen, den Blumenkohl putzen. Beides getrennt in Salzwasser nicht zu weich kochen, abgießen (2 EL Spargelwasser auffangen), abtropfen lassen und mit jeweils 2 EL Essig übergießen. 24 Stunden abgedeckt stehen lassen.

2 EL Spargelwasser mit Senf verrühren und unter den Spargel mischen. Die Petersilie waschen, trocken schütteln und fein hacken. Den Spargel in der Mitte einer Platte anrichten und mit Petersilie bestreuen, den Blumenkohl um den Spargel herum anrichten.

Die Cornichons in Scheiben schneiden und mit den Kapern über Spargel und Blumenkohl verteilen. Die Tomaten in feine Scheiben schneiden und auf die Platte geben. Den Fenchel waschen und die äußeren festen Blattstiele als Schalen für die Mayonnaise nutzen. Dazu passt Toastbrot.

Sellerieaufstrich mit Tomatenmark

Für ca. 4 Portionen Aufstrich
Ruhezeit: 15 Minuten
Für ca. 2 l Tomatenmark
Kochzeit: 3 Stunden
Haltbarkeit: gekühlt 6 Monate

Aufstrich

½ Knolle Sellerie
1 EL Senf
1 EL Tomatenmark (Rezept siehe unten)
1 TL Kräuteressig (Rezept Seite 32)
Salz
1 Prise Zucker

Tomatenmark

5 kg Tomaten
2 Zwiebeln
1 Stück frischer Ingwer (2 cm)
1 EL Salz
1 EL Zucker
Pfeffer
4 Nelken
1 Lorbeerblatt
¼ l Kräuteressig (Rezept Seite 32)

Wir verwenden das selbst gemachte Tomatenmark für die warme Küche zum Eindicken und Würzen sowie für die kalte Küche zum Anreichern von Dressings.

Sellerieaufstrich

Sellerie säubern, schälen und fein raspeln. Mit Senf, Tomatenmark, Essig, Salz und Zucker vermengen, ca. 15 Minuten ziehen lassen. Ganz nach Geschmack entweder 1 TL Tomatenmark oder 1 TL »Pflanzenbutter« auf eine geröstete Brotscheibe streichen und den Sellerieaufstrich sowie gehackte Petersilie darüber geben. Lecker!

Tomatenmark

Die Tomaten waschen, vierteln, die Stielansätze entfernen. Die Zwiebeln schälen und vierteln. Den Ingwer schälen und fein hacken. Alles zusammen in einen Topf füllen. Gewürze und Essig hinzufügen und bei schwacher Hitze gut 3 Stunden köcheln lassen. Falls nötig, mit etwas Wasser immer wieder auflockern, damit das Tomatenmark nicht anbrennt. Dann durch ein feines Sieb passieren und in Twist-off-Gläser abfüllen.

Knäckebrot mit Kürbismarmelade

Für ca. 1 kg Knäckebrot
Kühlzeit Knäckebrot: 4 x 15 Minuten
Für ca. 1 kg Marmelade
Kochzeit: 30 Minuten

Knäckebrot

500 g Weizenmehl, Type 550
500 g Roggenmehl, Type 1150
1 EL Salz
1 EL Kümmel
2 EL Kräuteressig (Rezept Seite 32)
375 ml kaltes Wasser
325 g kalte »Pflanzenbutter«, z.B. Margarine von Alsan

Außerdem

Backblech
Fett oder Backpapier

Kürbismarmelade

800 g Hokkaidokürbis
Saft von 1 Zitrone
300 g Zucker

Knäckebrot

Für das Knäckebrot beide Mehlsorten gut mit Salz und Kümmel mischen und mit Essig und Wasser zu einem Teig verkneten. Den Teig zu einer Kugel formen, kreuzweise einschneiden und abgedeckt 15 Minuten im Kühlschrank ruhen lassen.

Dann die Spitzen der Einschnitte nach außen ziehen und den Teig auf einer bemehlten Arbeitsfläche zu einem ca. 1 cm dicken Rechteck ausrollen. Die »Pflanzenbutter« in kleinen Flöckchen darauf verteilen. Die zwei gegenüberliegenden Seiten des Teigs nach innen einschlagen (sodass die Butterflöckchen nicht mehr zu sehen sind), dann 15 Minuten kalt stellen. Den Teig aus der Kühlung nehmen, in eine Richtung ausrollen und erneut zwei gegenüberliegende Seiten nach innen einschlagen. Dieser Vorgang wird insgesamt drei bis vier Mal wiederholt, jedes Mal mit einer 15-minütigen Kühlung.

Den Backofen auf 200 °C Ober- und Unterhitze (180 °C Umluft) vorheizen. Das Backblech einfetten oder mit Backpapier belegen. Den Teig zuletzt so dünn wie möglich ausrollen, in Rechtecke schneiden und auf der mittleren Schiene knusprig backen. Nach dem Abkühlen in Blechbüchsen aufbewahren.

Marmelade

Für die Kürbismarmelade den Kürbis würfeln, mit ganz wenig Wasser, Zitronensaft und Zucker in einem großen Topf aufkochen und bei mittlerer Hitze ca. 30 Minuten sprudelnd kochend. Noch heiß in Twist-off-Gläser füllen.

J.A.HENCKELS SOLINGEN
ZWILLINGSWERK
NICHT
ROSTEND

Rettich- und Grützaufstrich & Tomatenmarmelade

Rettichaufstrich

1 Rettich
4 säuerliche Äpfel
6 EL Paniermehl
Saft von ½ Zitrone
1 Prise Zucker

Grützaufstrich

¼ Sellerieknolle
2 Zwiebeln
4 Zweige frischer Majoran
4 Zweige frisches Bohnenkraut
125 g Hafer- oder Gerstengrütze
Salz, schwarzer Pfeffer aus der Mühle
Senf
4 Gewürzgurken

Tomatenmarmelade

500 g reife Tomaten
250 g Zucker

Rettichaufstrich

Rettich und Äpfel schälen und fein reiben. Rettich, Apfel, Paniermehl, Zitronensaft und Zucker mischen. Bei Oma gab es diesen Aufstrich immer auf Kümmelbrot.

Grützaufstrich

Den Sellerie fein reiben, die Zwiebeln schälen und grob vierteln, die Kräuterzweige zusammenbinden. ½ l Wasser mit Grütze, Majoran und Bohnenkraut in einen Topf geben. Sellerie und Zwiebeln zufügen und alles unter ständigem Rühren aufkochen. Die Grütze bei schwacher Hitze 8–10 Minuten ausquellen lassen. Bohnenkraut, Zwiebel und Majoran wieder entnehmen. Den Grützbrei mit Salz und Pfeffer würzen und weiter ausquellen lassen, bis er eine cremeartige Konsistenz hat. Den Grützaufstrich auf würziges Brot geben, mit Senf bestreichen und mit Gewürzgurke belegen. Der Aufstrich ist gekühlt ca. 1 Woche haltbar.

Tomatenmarmelade

Die Tomaten waschen, vierteln und dabei die Stielansätze entfernen. Mit dem Zucker in einen Topf geben und ohne Wasser ca. 30 Minuten einkochen. Noch heiß in Twist-off-Gläser füllen, insgesamt sind es ca. 700 – 800 ml Marmelade. Wir essen die Marmelade mit Radieschen, Tomaten und Schnittlauch auf Brot.

Abendtee mit Löwenzahnsirup

Trockenzeit Tee: 3–4 Tage
Für 1 l Sirup
Kochzeit: 2 x 1 Stunde

Löwenzahnsirup ist nicht nur zum Süßen von Kräutertees geeignet, sondern verfeinert auch Salatdressings.

Tee

40 Brombeerblätter
40 Himbeerblätter
15 Johannisbeerblätter
5 Schlehenblätter

Sirup

2 Orangen
200 g Löwenzahnblüten
500 g Zucker

Abendtee

Die frischen Blätter ca. 24–26 Stunden in der Sonne trocknen und anschließend 2–3 Tage ruhen lassen. Die getrockneten Blätter mit einem Teigroller zerdrücken. Wenn die Mischung sehr staubig sein sollte, ein paar Tropfen Wasser hinzufügen. Die fertige Mischung in einer Blechdose verwahren.

Pro Tasse ca. 1 TL der Teemischung mit kochendem Wasser übergießen, 3–6 Minuten ziehen lassen und mit Löwenzahnsirup süßen.

Sirup

Die Orangen schälen, die weiße Haut entfernen und das Fruchtfleisch klein schneiden. Die Löwenzahnblüten waschen und alles Blattgrün entfernen. Orangen und Löwenzahnblüten in einen Topf geben, mit ½ l Wasser aufkochen, 1 l Wasser zugießen und bei mittlerer Hitze ca. 1 Stunde einkochen. Anschließend durch ein Sieb abseihen, die Flüssigkeit auffangen, den Zucker einrühren und nochmals bei schwacher Hitze so lange köcheln, bis der Sirup eindickt (ca. 1 Stunde). In Flaschen abfüllen.

Dank

Ich danke meiner Tochter, dass sie ihr Kindsein mit mir teilt.
Ich danke meiner Mutter, dass ich noch Kind sein darf.
Ich danke meinen Großeltern, dass sie mir eine Kindheit schenkten.

Mein Stern

»Die Sterne scheinen auch am Tag
hellleuchtend, wunderschön –
wenn ich's auch nicht zu seh'n vermag,
so kann ich doch versteh'n:

Der Sonne gleißend heller Schein
verdrängt der Sterne Glanz,
am Tage seh'n wir sie nur allein,
der Tag gehört ihr ganz.

Am Tag verblasst der Sterne Licht
und dennoch sind sie da.
So bin auch ich voll Zuversicht,
denn ich weiß Gott mir nah.

Es ist der Stern, der nie verblasst,
sein Glanz wird nie vergehen,
weil seine Liebe mich umfasst,
darum werd auch ich bestehen.«

Verfasser unbekannt

Rezeptverzeichnis nach Kapiteln

Alphabetisches Rezeptverzeichnis

ISBN 978-3-572-08194-3

1. Auflage

Umschlaggestaltung: *Atelier Versen, Bad Aibling*
Gestaltung: *Katharina Schweissguth/Visuelle Kommunikation, München*
Herstellung: *Elke Cramer*
Umschlagfotos: *Cover: stockfood/Beatrice Peltre*
Vor- und Nachsatz: *shutterstock/Natasha Breen*
Rezeptfotos: *Udo Einenkel, Berlin (www.udoeinenkel.de)*
Foodstyling: *Udo Einenkel und Svenja Fox*
weitere Fotos im Innenteil: *Privatarchiv Kirsten M. Mulach; S. 12: Dennis Williamson (www.williamson-foto.de)*
Bildredaktion: *Tanja Zielezniak*
Projektleitung: *Anja Halveland*

Satz: *Nadine Thiel, kreativsatz, Baldham*
Reproduktion: *Regg Media GmbH, München*
Druck und Verarbeitung: *Druckerei Theiss, St. Stefan im Lavanttal*

Printed in Austria

FSC
www.fsc.org
MIX
Papier aus verantwortungsvollen Quellen
FSC® C012536

Verlagsgruppe Random House FSC® N001967
Gedruckt auf dem FSC®-zertifizierten Papier Profimatt.